SUMÁRIO

Triângulo Atlântico
Diálogos Latinoamericanos

Marcia Mocellin
Marco Barboza
Marina Baggio

Libretos

Porto Alegre, 2022

Dedicado à nossa América Latina. Eis que em Alajuela, Costa Rica, no VI Congresso da Rede Latinoamericana e do Caribe de Bioética – Unesco, se iniciou esta história de contar e cantar desde, para e pela América Latina.

Os autores

Nota dos autores

A ideia do livro repousa em uma entusiasta iniciativa de construir um espaço de diálogo de saberes e práticas, onde o social, o cultural e o histórico interatuam com o científico, desde a perspectiva da Bioética – essa singular disciplina ou *interdisciplina* –, que estabelece um elo entre ciência e humanidades como um ânimo promotor do justo, do bom, do equitativo, no centro dos afãs de progresso e desenvolvimento, que encarnam a ciência e a tecnologia. Certamente, trata-se de uma tarefa complexa. A racionalidade científica mais acostumada ao processual ou ao sistêmico resiste, frequentemente, a este influxo valorativo e revalorizador. Avanços e retrocessos, marchas e contramarchas se sucedem linearmente com a antiga frase de Terencio, "nada do que é humano me é estranho", frase que expressa o coração da indagação do *fazer* bioético. O que nos motiva a seguir refletindo sobre os interrogantes que permeiam a vida em geral e as éticas de vida.

Nesse contexto de tensão constante entre o mundo da vida e a razão instrumental, os breves relatos constituem uma visão alternativa, uma entrada diferente, com o mesmo propósito: refletir, dialogar, propor, persuadir, instar, convocar, transcender. Eles tornam protagonistas a história, a ficção reflexiva, a crítica desde a cultura, a poesia, o pensar filosófico, ampliando os olhares, constituindo novos ares, sugerindo novos atores. Uma proposta refrescante e terapêutica, *máxime*, em um século como o XXI, onde o *tecnologável*, os milenarismos e as incertezas são os que marcam a pauta.

São relatos que falam dos temas que nos apaixonam, que pulsam em uma América Latina viva, colorida, sonora, de raízes, enferma, rítmica, sapiente, fecunda. Cantam à nossa terra, ao nosso sentir, ao que nos faz singulares e diversos, portanto, universais. Pintam também um horizonte de históricas e revitalizadas sementes que propagam, fusionam, florescem e frutificam esse grande desejo de uma América Latina com voz própria, com memória longa, buscando poesia com equidade, amor, sabedoria, buscando a liberdade de Martí, a do decoro rebelde encarnado em homens e mulheres, em um povo inteiro, na dignidade humana.

Porto Alegre – Lima, primavera de 2016
Marcia Mocellin e Marco Barboza

Post scriptum

Em 2022 convidamos Marina Baggio para dar vida ao livro por meio de sua arte. A criatividade e complexidade dos traços de Marina traduzem em perfeita sintonia nosso propósito de instar a reflexão, o diálogo, a transcendência. O ritmo e a poesia pictórica se fundem aos diálogos com leveza e liberdade, ilustrando precisamente a América Latina que buscamos. Muito obrigada, Marina, por juntar-se a nós e pintar poesia!

Porto Alegre – Lima, outono de 2022
Marcia Mocellin e Marco Barboza

Prólogo

Conheço Marcia. Que conhece Marco. Ambos conversam entre si; proximidades e sintonias. A autoria se confunde e se revela pela geografia que nos orienta ao final das mensagens. Cartas que se doam em cantares e pensares, parte de um jogo, peças de um baralho dispostas à mesa. Para a qual somos convidados.

Conheço Marcia. Que conhece Marco. Aos poucos reconheço Marco. E nos reconhecemos todos. Sem nos darmos conta, compartilhamos reflexões e adentramos no espelho. Alguém já disse (teria sido o Chapeleiro Louco?) que, tão menina, a Bioética corre o risco de ser atropelada pela velocidade da biotecnologia. Jovem? A Bioética? Só na conceituação. Suas questões são tão antigas quanto o tempo.

Qual o rumo a seguir? – Onde fica a saída? – pergunta Alice ao Gato de Cheshire. – Depende – responde o gato. – De quê? – replica Alice. – Depende de para onde você quer ir... –. Na ponta da mesa de chá do Chapeleiro, entre amigos, Immanuel Kant, repousando a xícara com cuidado, resume: - Quem não sabe o que busca, não identifica o que acha.

O convite que recebi de Marcia, em nome também do Marco, para o prólogo de *Triângulo Atlântico – Diálogos latinoamericanos*, chegou numa providencial conexão de internet, numa pequena praça protegida pelas muralhas da medieval e silenciosa Mdina, antiga capital de Malta. Sentado em um banco, experimentava a mesma sensação que tive e tenho ao participar desse diálogo entre amigos. Terminar a leitura (terminar?) é como acordar de um sonho. Quando se acorda, se sabe quem se é, mas já mudamos muitas vezes desde então. De novo, Alice: – Eu me pergunto se mudei durante a noite. Eu quase acho que me lembro de sentir-me um pouco diferente. Mas, se eu não sou a mesma, a próxima pergunta é: – Quem sou eu no mundo? Ah, esse é o grande quebra-cabeça!

Na esquina da Piazza São Paulo, a placa ornada de arabescos me informa: *Triq* Santa Sofia. Rua Santa Sofia. Do grego, *sophia*: sabedoria. O amor à sabedoria gera a filosofia. Marcia Mocellin e Marco Barboza desvelam o colorido mágico e algo insano de uma América caleidoscópica, tão igual e tão diversa. Esquinas, cruzamentos, vielas... Num mundo em constante movimento não há fórmulas prontas, setas indicativas, caminhos determinados. É preciso apenas saber para onde queremos ir. Ou o Gato Risonho dirá o mesmo que disse à Alice: – Se não te preocupas para onde ir, pouco importa o caminho que sigas.

Volto à mesa de chá do Chapeleiro Louco. A utopia, ensina Galeano, avança à medida que caminhamos. Serve para que continuemos a caminhar. Lewis Carroll alcança-lhe o açucareiro: – A única forma de chegar ao impossível é acreditar que é possível. E nessas horas é preciso concordar com a Rainha Vermelha: é ridículo deixar toda a conversação para o pudim.

Fernando Neubarth
Porto Alegre, verão de 2017

PALABRA DE MELANCÓLICO

Monsieur Planchet mandó buscar a todos los egipcios, judíos, pobres, locos, brujas y bohemios del ultramarino reino. Las mujeres fueron afeitadas, azotadas y expulsadas, los hombres, encadenados en galeras. ¿Alejarme? ¿Quedarme? ¿Volver? ¿Partir?

Alajuela, 17 de noviembre de 2016

Monsieur Planchet... Sou melancólico, sou estrangeiro, desterrado, deslocado. Não tenho pátria, não tenho bandeira, não tenho casa, não tenho porto. Porém, tenho história, sentimentos, coração. Tenho pulmão, voz, vontades, desejos, e tenho meus olhos e minhas mãos. Ah, não nos esqueçamos, tenho meus pensamentos. E digo mais, sigo o vento...

Alajuela, 17 de novembro de 2016

MOUROS E CRISTÃOS

O garçom trouxe o prato chamado "galo pinto". Ela o reconheceu. Tratava-se de "*moros y cristianos*" do México, ou de "baião de dois" do Brasil. A ressignificação do "arroz e feijão", reelaborados, recombinados, dialogados. Os mesmos ingredientes, distintos sabores, distintas emoções... Diferentes nomes, as mesmas intenções.

Alajuela, 17 de novembro de 2016

Luego de la cena, ella seguía saboreando esos frijoles, mágicos y barrocos. Latina y portuaria, anhelaba una artesanía hermenéutica para seguir sazonando esa comunidad de "la tavola", telúrica y magnética.

Alajuela, 17 de noviembre de 2016

EL APARATO

El dispositivo me dijo: "Ya no sabes quién eres. Improductiva, mediocre, residual, esa es tu vida. Reencuéntrate". Yo pensé: ¿un aparato diciéndome que hacer con mi vida?, ¿cuándo comenzó ésto?... Pensé nuevamente: ¿fue lo honorable, lo saludable, lo tecnologable?...¡ Qué más da! – me dije –, es muy tarde para eso, no hay vuelta atrás.

Alajuela, 17 de noviembre de 2016

Caminho meus sapatos sobre tua sombra, te sigo, te persigo, te despido. Agora compreendo, me reinvento. Palavras pintadas no céu, cores, amores, já não dores. Canção telúrica, sinfônica, harmônica, colhe meus passos. Apreendo outra vez minha vida; é minha, a tenho.

Alajuela, 18 de novembro de 2016

SABORES MESTIÇOS

Os sabores da vida: amargo, doce, salgado, picante, *inebriante*... A cada experiência: vivência, paciência, medo, tensão, paixão, sonhos. Que faço? Para onde olho? Para onde vou? Que penso? Que sinto? Que quero? Que canto? Que me encanta? Que te encanta?

Alajuela, 18 de novembro de 2016

Espíritu barroco, Chisiya Mama, crisis, compis, *carnivale*. Mercado novoandino, plantas de Nueva España. Achiote, aguaymanto, loche, ají panca inundan la mesa. Mundo antiguo, milenario, sabores que acompañan, que guían, que proveen futuros y esperanzas.

Lima, 20 de noviembre de 2016

MEMORIA Y VIENTO

Memoria magnética, hermética, cosmética, me aprisionas en el tiempo, intercepta las ideas, sin consentimiento. Llega así sin avisar, revuelve el pensamiento, rebotando sentimientos. Deja que se me olviden, por favor, deja que se disipen tras el viento. Deja que ya no me agoten, las agruras del atrevimiento. Aquí la dejo memoria, translucida y fluida, compañera de efémeros momentos.

De paso por Ciudad de Panamá,
19 de noviembre de 2016

Esa, la no mía cabeza, que va y queda, y quedando, no se parte ¿Es mejor así? ¿Dónde están las *res* de Rousseau o el voluptuoso Sur? ¿Dónde, la justicia pronta de Robespierre o la saludable felicidad de Voltaire? ¿O estaba aprisionado? ¿O acaso lo soñé? Por ventura, que alguien diga, ¿ellos son lo que no fueron, o siendo aún incluso, no fueron los que son?

Lima, 21 de noviembre de 2016

INTERROGANTES PORTUARIOS

¿Qué emoción tendrán las palabras dichas o no dichas, olvidadas, escondidas? ¿Qué emoción tendrá una vida no vivida? ¿El molino sin su viento? ¿Una cabeza sin pensamientos? ¿El tren sin fecha de partida? ¿El buque sin su mar? ¿La olla sin su arena para besar? ¡Figurarían desiertos, por cierto, ausencia de historia para recontar!

De paso por Ciudad de Panamá,
19 de noviembre de 2016

Puerto de Palos, llegaste a nuestras teocéntricas y milenarias vidas. Melancólico, conceptista y converso, llegaste. Técnica, sueño y melodía, tu barroco sentir, campos, casas, cuerpos, regó. Síntesis, amalgama y fragor, somos, cual Hefesto orgulloso de su labor, queriendo serlo también de nuestras vidas.

Lima, 23 de noviembre de 2016

SONIDOS DE MI PAÍS

Es nuestro acorde país, lineal y continuo. De alturas imponentes o caribes barrocos, es nuestro. Octav@s de wayruro o chicherías. Décimas y yaravíes, saxofones y tonderos, ríos de cumbia y sueños. Polifónico cantor eres, país. Nunca más, insuficiente, por el ilustrado capricho. Virtuosas manos te transforman, te sienten, te cobijan.

Lima, 20 de noviembre de 2016

Corpo traduzido em ritmos. Chegando em galeras, correntes rompidas, grito calado, traços de uma cultura mestiça. Um coração que pulsa como o som de um chorar e amar. Verde mar, intenso azul, sangue e suor, balanço de meus cantares, tristeza que baila, sonoridade de um regresso. Sussurros ao ouvido do tempo escrevem em minha alma as cifras douradas, chegam à minha gente; as quero cantar.

Porto Alegre, 22 de novembro de 2016

LAS CRISIS DE HOY

Tres, dos, uno... Rápido es el modo de hacer. Precario es el vivir funcionando. Incierto es el deseo del ser. ¿Qué nos queda entonces, para sentir, trascender o crear? Montecristo otra vez: esperar y confiar.

Lima, 20 de noviembre de 2016

(Des)espero, lentamente, sabiamente, corro ao contrário, ando em marcha à ré, cabeça para baixo, pés para cima, que importará? Já não vale ler, já não se necessita saber. Quem dá mais? Quanto vale? (Des)esperar, (des)esperançar.

Porto Alegre, 22 de novembro de 2016

INICIO DE JORNADA

Abre la mañana en un hospital psiquiátrico,
el personal de salud dialoga, al tiempo que
registra su ingreso, la camaradería fluye. En torno
a ellos, personajes circundan mudos, periférica y
beckettianamente. ¿Quiénes son? Pues, los "sin
nombre", "sin visita", "sin egreso", los que nadie
extrañará allá afuera.

Lima, 21 de noviembre de 2016

Começar o dia, entre rumores de antanho;
que haverá acontecido? Quem são esses que olham
ao longe? Esperam a nada, buscam a ninguém;
gritam calados, apenas com pálido olhar. Prisioneiros
do obscuro, da própria prisão. Me vês, te vejo,
cúmplices na aproximação... Um sorriso, uma lágrima,
um sopro de vida, já está.

Porto Alegre, 22 de novembro de 2016

REPÚBLICA DE INDIOS

Un personaje de José María Arguedas dice en su novela *Todas las Sangres*: "Yo también, señor de Peralta, ahora. República de indios en el sentido de no destruir lo que tenemos de antiguo; no destruirlo; desarrollarlo". No podría estar más de acuerdo con él.

Lima, 21 de noviembre de 2016

Primitivos sois vós ao pensardes a minha como não civilização. Remontar o tempo às sábias vozes, edificar culturas, desbravar a selva, trilhar caminhos. Minha canção é meu país. Meu traje em cores, feito do sangue dos meus!

Porto Alegre, 23 de novembro de 2016

DIVINA ESPERANZA

Y dijo César Vallejo: "Yo no sufro este dolor como católico, como mahometano ni como ateo. Hoy sufro solamente. Si no fuese artista, también lo sufriría. Si no fuese católico, ateo, ni mahometano, también lo sufriría." ¿Y si dijéramos que el sufrimiento junta, comunica, sana, confía y espera? Que el derecho a sufrir existe... ¿Y si dijéramos?

Lima, 21 de noviembre de 2016

E o velho sábio respondeu: sofro o sofrer que sublima a dor do ventre da terra, a dor que ensina o caminho, que desenha as notas sobre o pergaminho. Sofro a alegria de rir minha vida, minha desgraça, meus amores e (des)amores. E se disséssemos?... Disse!

Porto Alegre, 23 de novembro de 2016

PRODUCTOS CULTURALES

En 1972, Augusto Salazar Bondy denunciaba un "circuito cultural latinoamericano divorciado de los productos deprimidos o desvalorizados de la cultura popular". ¿Son nuestras revalorizaciones de hoy diálogos profundos con nuestras historias culturales o solo un ingrediente más del mercado comunitario posmoderno?

Lima, 21 de noviembre de 2016

Moderno, antigo, claro, escuro, cultura, ignorância. Quanto vale o que escrevo? Será cultura, se o velho já não fala, não serve, não arranca sorrisos nem lágrimas? Espaço-tempo, quimera, escuto o som do labor árduo de um artista descolorido, sem vontade, sem valor, na pós-modernidade perdido.

Porto Alegre, 24 de novembro de 2016

ES MI PAÍS

Es mi país, campo, ciudad, melancolías creativas y emprendimientos populares. Es mi país, huaca barroca, ciudad teocéntrica e iglesia productiva. Es mi país, memoria larga, jamás corta. Rítmico, surífero, popular, culto, implicado, querendón, sereno, inventivo... Es mi país.

Lima, 21 de noviembre de 2016

Sul a norte, oriente, poente. Rancheira, frevo, axé, samba, sertanejo, maracatu, carimbó, fandango, mais e mais. País sonoro, ruidoso, alegre, triste. Calor, frio, ambiguidade, carinhoso, violento, iniquidade, inundação, seca, diversidade. Cultura, identidade, pampa, praia, selva. Casa de todos, terra de ninguém, espaço vazio, cheio de esperança, rosas e mar.

Porto Alegre, 23 de novembro de 2016

EGIPCIOS

En Egipto como en el Perú parece haberse llevado a cabo el mismo fenómeno de paralización de la obra colectiva. A partir de la conquista, el indio, y su fondo depresivo, parece entregarse resignado a su destino. Lo decía Hermilio Valdizán en 1925. ¿La trampa ilustrada "cazadora de bohemios" debe continuar aún hoy?

Lima, 21 de noviembre de 2016

Coletiva, conectiva; já não são fatos, mas sonhos da obra que alcançaríamos; chega o forasteiro calando as vozes uníssonas. Não canta minha música, não fala minha língua, não come minha comida. Já não sei quem sou, já não me reconheço, já não sei quem és. Disruptiva, (des)conectada, matas a fonte, me impedes até mesmo de sonhar.

Porto Alegre, 24 de novembro de 2016

POESÍA Y FILOSOFÍA

Preguntó el poeta: ¿Cómo pensar nuestra época?
Respondió el filósofo: Hay que abatir este poder
injusto, con metacrítica, y un saber diverso y plural.
Pensó un instante el poeta y luego replicó, con
Julio Ramón Ribeyro: "La actualidad se convierte
rápidamente en historia, lo pasado puede ser lo futuro,
lo presente lo olvidado y lo posible lo real."

Lima, 21 de noviembre de 2016

Dizem os budistas: não te apresses, nem te lamentes,
o passado já passou, o futuro ainda não chegou,
somente existe o presente. Tristes vidas não vividas,
apenas iludidas. Vazias moradas de almas destroçadas,
buscando quem sabe o quê. Apenas buscando,
buscando, buscando; correr, apenas por correr...

Porto Alegre, 24 de novembro de 2016

AUTOS DE PAREJA

En *Seguros I* de Sánchez Piérola, una mujer cuenta: "me habló de tanto autoconocimiento, autosatisfacción, autocomprensión, autorrealización y tantos autos que en ese momento lo único que yo quería es que se autocallara, pero como era lo único que no autoharía, decidí autohacérselo yo".

Lima, 21 de noviembre de 2016

Como falam as pessoas, desmesuradamente! Já não te presto atenção, para evitar mais tensão. Monólogos dialogados, não te escuto, não me escutas, porém seguimos falando. Babel moderna, tomo distância, e vejo de longe, autocalada. Meus olhos falam o que minha boca se nega, e minha boca sorri, autodeclarada.

Porto Alegre, 24 de novembro de 2016

NUESTRA RED

De los Andes fueguinos a la Sierra de Juárez. En la senda de Martí, Rodó y Mariátegui. Visionando con Guayasamín, Botero y Sabogal. Amado, Asturias y Fuentes abogan con nosotros por felicidades colectivas y autonomías verdaderas. Es ésta nuestra red de emociones, apuestas y sentidos. ¡Qanqunapak! ¡Aguyje! ¡Saudade!

Lima, 23 de noviembre de 2016

Doces tramados de uma Rede, que brota desde o âmago de um continente esquecido, porém não morto, e não calado. O mar a recebe, a acolhe, mentes abertas, corações ternos, braços fortes, bandeiras em punho, genuína luta. Toca minha mão, companheiro, seguimos trilhando caminhos, pisando sendeiros, certeiros, cruzando história e humanidade.

Porto Alegre, 23 de novembro de 2016

SEGURIDAD, CONECTIVIDAD, FELICIDAD (I)

Bauman dijo: cada vez más gente cedería de buen grado parte de su libertad a cambio de emanciparse del aterrador espectro de la inseguridad existencial...

Lima, 23 de noviembre de 2016

Existo, penso, sinto, amo, grito, calo. Me agarro ao vento, inseguridade. Me agarro ao fogo, ao ar, ao mar, navego em terras, caminho no mar. Sou passageiro, sou pássaro migratório, sem desejos, sem pernas, sem lar. Me dê a mão, uma palavra, um sorriso, e farei minha cama na borda do rio. Serei passageiro de um só cantar.

Porto Alegre, 24 de novembro de 2016

SEGURIDAD, CONECTIVIDAD, FELICIDAD (II)

...Zuckerberg adujo: estar conectado es un derecho humano. Hay que abordar esta desigualdad, podemos conectarnos más y hacer más cosas importantes, trabajar en una mayor prosperidad...

Lima, 23 de noviembre de 2016

Conectemos nossas palavras, nossos pensamentos, nossas miradas cruzadas; conectemo-nos à beira de um rio de canções, um jardim de rosas, uma mesma lua cheia, um violino, uma balsa, uma voz harmonizada, sinfônica, que somente digo a ti, que somente dizes a mim, como um retumbar polifônico.

Porto Alegre, 24 de novembro de 2016

SEGURIDAD, CONECTIVIDAD, FELICIDAD (III)

...Wangchuck, Rey de Bután, agregó: la Felicidad Nacional Bruta es más importante que el Producto Nacional Bruto...

Lima, 23 de noviembre de 2016

Felicidade, simplicidade, cumplicidade... Que me faz feliz? Que te faz feliz? Te asseguro que a conectividade, de verdade, resulta em felicidade.

Porto Alegre, 24 de novembro de 2016

SEGURIDAD, CONECTIVIDAD, FELICIDAD (IV)

...¿Dónde están los franceses ahora? ¡Voltaire! ¡Diderot!
¡Rousseau! ¡D'Alembert! ¿Qué enclave es éste? Datos,
cámaras, selfies, holoapariencias, tecnosentires...
¡Oh spleen!, ¡Oh flâneur!, Esquirol y su panóptico...
¡Oh, Marianne! ¿Por qué nos has abandonado?

Lima, 23 de noviembre de 2016

Aqui estamos perdidos nas sombras, feito cinzas
e pedras malditas. Não me abandono, apenas desvario,
não tenho destino, vivo pairando, folha sem verbo,
com desejo de letras. Imagens desmembradas de
um corpo sem carne, apenas virtual.

Porto Alegre, 24 de novembro de 2016

P.O.E.

El Presidente del Comité de Ética dijo: debemos ser objetivos, el protocolo requiere un examen científico y ético riguroso. El representante de la comunidad replicó: ¿y cuándo hablaremos con las personas en investigación? El presidente caviló un tanto, revisó el manual, y sentenció: eso no está en mi lista de verificación.

Lima, 23 de noviembre de 2016

Distantes olhares frente ao mesmo problema: Ética de quem para quem? Quem é você para dizer o que é melhor para nós? Cruzam caminhos, mas não destinos, cruzam objetivos, mas não soluções. Mergulho em meu corpo marcas de uma experiência, mergulho em minha mente o sentido compartilhado; deixe-me falar, senhor, eu lhe suplico.

Porto Alegre, 26 de novembro de 2016

POLÍTICA CRIMINAL (I)

Clase del 7 de noviembre de 1973 de Michel Foucault. Sobre el poder psiquiátrico. Una escena ficticia de inicio. Máquinas, fantasmagoría, Foderé, orden, cuerpos, nervios... Hasta allí, la ambientación *foucaultiana* es previsible. De pronto, algo inesperado, casi de golpe: "fibras blandas del cerebro", llamada a pie de página, cita 3...

Lima, 23 de noviembre de 2016

Significaria algo descrever minhas tentativas, se por acaso tudo fosse começar outra vez. Porém, circunda meu corpo uma dezena de aparatos que me fazem já não ser, já não pensar, já não estar. Voando em meus pensamentos, já não meus, não teus. Me despeço da pobre vida, insalubre, me afasto de minha própria anatomia e, enquanto não seja mais que pó, ninguém por mim reclamará.

Porto Alegre, 26 de novembro de 2016

POLÍTICA CRIMINAL (II)

...Allí estaba. Discurso sobre la administración de la justicia criminal de Joseph Michel Antoine Servan, pronunciado en Ginebra, en 1767, con una frase demoledora: "Sobre las fibras blandas del cerebro se asienta la base inquebrantable de los más firmes imperios".

Lima, 23 de noviembre de 2016

De nada serve que me vigiem, me asilem, me regulem... O que buscam, não o tenho; o que aprisionam não são mais que tramas eletrizadas, involuntárias, quimicamente conjugadas. Disciplinam meu corpo, estendido, rasgado, desvalido, mas não meu espírito. Esse que escapa até mesmo a mim, inquebrável, imortal, elo de um mundo outro, morada da fantasmagoria.

Porto Alegre, 26 de novembro de 2016

POLÍTICA CRIMINAL (III)

...La liberación de los locos de Pinel, las lobotomías, las TEC, las APPs, Waze, Uber, Facebook, Big Data, lo tecnologable son variaciones de un mismo tema. ¿Lo ves Eric Sadin? Antes de la revolución algorítmica, previo a la transición de lo protético a lo cognitivo, hubo alguien llamado Servan.

Lima, 23 de noviembre de 2016

Os algoritmos da atualidade não são mais que as lobotomias do passado. E a arte de Rimbaud, e sua sede por desregular o sentido do mundo? Queremos nossa liberdade, nossa desmesura do mundo, nossa originalidade! Não aceito que me digam o que comer, o que vestir, o que escutar, menos ainda o que ler. Leio o que desejo, escrevo o que tenho vontade, e amo o que me traz loucura e sabedoria. Viva Edgar Morin!

Porto Alegre, 26 de novembro de 2016

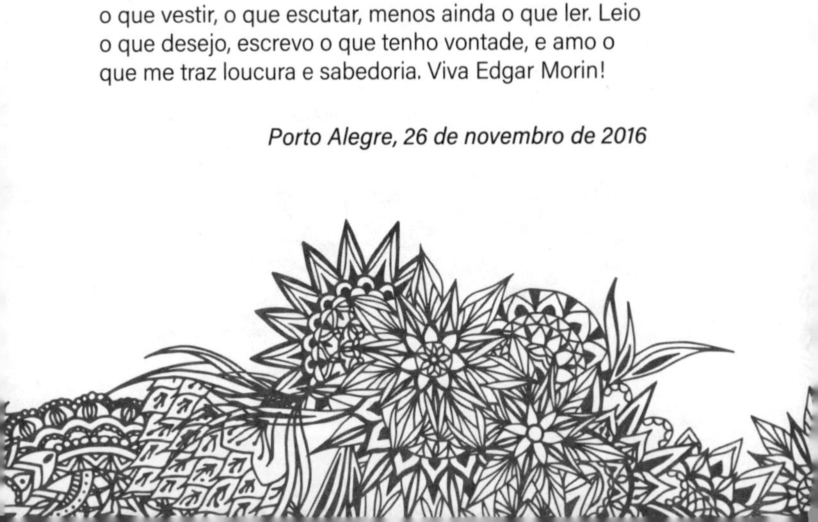

LO REAL, LO REAL (I)

En los *Tiempos Difíciles* de Dickens, un funcionario público adoctrinaba a profesores y estudiantes de escuela, diciéndoles: "Pues bien; lo que yo quiero son realidades. No les enseñéis a estos muchachos y muchachas otra cosa que realidades. Las inteligencias de los animales racionales se moldean únicamente a base de realidades...

Lima, 24 de noviembre de 2016

Desde o real ao imaginário, do fatual ao imensurável, que cruel realidade o fato que realidade não há. O que vejo é ilusão, o que escuto, pura canção. Interpreto correto, faço malabares com as palavras, transmuto sentimentos e invoco o espírito animal. Esse da sobrevivência subjetiva, que cria, transcende... imortal.

Porto Alegre, 26 de novembro de 2016

LO REAL, LO REAL (II)

...Tenéis que suprimir por completo la palabra imaginación. La imaginación no sirve para nada en la vida. Echa mano de dibujos matemáticos, combinados o modificados, en colores primarios, dibujos matemáticos, susceptibles de ser probados y demostrados. ¡He ahí el nuevo descubrimiento! Eso es realismo. Eso es buen gusto.

Lima, 24 de noviembre de 2016

Não zombes do real, que vive a vigiar o casual. A vida está no que é vivido, na imagem distorcida, na mão que desenha a ela mesma, como em Escher. Como o pássaro que não é pássaro, não somos mais que caleidoscópios em mãos de crianças. Imaginários desesperados em uma vida que não é mais que um sopro, hoje, amanhã e depois.

Porto Alegre, 26 de novembro de 2016

¿QUÉ ES LA VIDA?

Respondió el melancólico: creativa ilusión, artesano saber, construcción del pasado. Terció el ilustrado: ciencia, progreso, razón, lucha, avanzar sobre escombros. Exclamó el vagabundo: liquidez, puerilidad, transhumanismo, una delgada y suave pátina en el universo

¿Y tú, que contestas?...

Lima, 24 de noviembre de 2016

...Não é mais que tudo e nada, a cada vez. Não é mais que o que tenho em minhas mãos, e em meu coração. O que vejo, o que sinto, o que amo. As palavras, os sentires, os pesares, e teu sorriso. É o que aportamos à humanidade. É esse pulsar intenso que corre nas veias de nossos caminhos, que se cruzam no horizonte.

Essa é minha resposta.

Porto Alegre, 26 de novembro de 2016

HUBO UN TIEMPO

Hubo un tiempo, en que los héroes debían ganar todas las guerras. Hubo un tiempo, en que emanciparse era sinónimo de saludable vigor y fortaleza. Hubo un tiempo, de convivencia resignada con la triste mancha india. De reconstrucción, de independencia, de eugenesia... Hubo un tiempo.

Lima, 24 de noviembre de 2016

Haverá um tempo de paz, de humanidade, de calor e emoção, de equidade, de protagonismos compartilhados. Haverá um tempo de lucidez, de compaixão, de solidariedade, de intercâmbio. Estaremos aí, ainda que na memória daqueles por quem lutamos. E assim seguiremos, traduzidos em futuro, como a primavera inexorável de Neruda.

Porto Alegre, 26 de novembro de 2016

HEGEL

La huaca olvidada. La sinagoga vacía. La ciudad letrada. La plaza no mía. La armada vencida. La crisis constante. El planeta alicaído. Lo humano sin *ámago*. Es esa permanencia en lo negativo. Histérico rumor ilustrado, acendrada dialéctica, espíritu absoluto, en aguas *post* subjetivas.

Lima, 24 de noviembre de 2016

Recorda, navegamos o mesmo mar, estamos sob a mesma lua, respiramos o mesmo ar... Temos os mesmos ideais. Há que estar atentos e fortes, vigilantes e altivos; a subjetividade estará a nosso favor. Faremos o pós-tudo, faremos tudo no pós, no aqui, no agora, recém-parido.

Porto Alegre, 26 de novembro de 2016

COMO DECÍA EL POETA

"La negatividad de la experiencia tiene un curioso sentido productivo; no solamente hay una decepción que nos lleva a la corrección sino un conocimiento abarcador que vamos adquiriendo. La negación por la que llegamos a este conocimiento es una negación determinada". Para Gadamer eso es dialéctica, ¿nuestra liquidez aún la hace posible?

Lima, 26 de noviembre de 2016

Poética, Dialética. Assim andamos alguns passos à frente, outros atrás, de par em par. Felizes os que crescem nas adversidades. Assim seguimos, como cantou Vinicius: "Quem já passou por essa vida e não viveu, pode ser mais, mas sabe menos do que eu. Porque a vida só se dá pra quem se deu".

Porto Alegre, 27 de novembro de 2016

CONTRA LA SUMISIÓN (I)

Gandhi dijo: "Si un padre obra con injusticia, es obligación de los hijos salir de la casa paterna. Si un maestro dirige su escuela de manera inmoral, los alumnos deben abandonarla. Si el presidente de una sociedad está corrompido, los miembros deben lavarse las manos de su corrupción retirándose de aquélla; de la misma manera"...

Lima, 25 de noviembre de 2016

...não somente devemos sair da casa, abandonar a escola, nos retirar da sociedade corrompida... Gandhi nos recorda: "Seja a mudança que deseja para o mundo". Isso estamos tentando, mudar, transformar, transmutar. Com afeto, com respeito, porém sem abandonar a luta... Jamais!

Porto Alegre, 27 de novembro de 2016

CONTRA LA SUMISIÓN (II)

...Si el gobierno comete una grave injusticia, el súbdito debe retirarle su cooperación total o parcialmente, en la medida necesaria para que el gobernante renuncie a su iniquidad. Y si el sistema financiero, su razón y su cálculo, impregnara la vida toda, generando asimetrías, desatinos y transgresiones. ¿Cómo accionaríamos?

Lima, 25 de noviembre de 2016

As assimetrias existem, persistem, coexistem. As transgressões apenas aportam mais e mais iniquidades. As pessoas sofrem, o governo ignora. As pessoas padecem, e o sistema é perverso, cruel, segregacionista. Resistência, indolência? Gritemos conjuntamente, até o mais longínquo rincão. Como formigas cooperativas, sejamos a mudança, para o saudável, o inexorável.

Porto Alegre, 27 de novembro de 2016

LOS POS...

Posciudad: Dispositivo, sampleo y flujos.
¿Y el artefacto milenario? Posverdad: ¿infundado
o falso? Da lo mismo. Si coincide con lo que pienso,
es real. Poshumanismo: cibernético y comunitario,
artificial y pluralista. Lo humano más allá de él
¿y sin él? La pospoesía, la posreflexión y el
poscompromiso, ¿se instalaron ya?... Avísennos.

Lima, 26 de noviembre de 2016

Clamemos pelo Pré: Pré-colombiano, Pré-científico,
Pré-humanista, Pré-histórico, Preexistente, Pré-claro,
Pré-aviso. Pressinto que não devemos *Preocupar-nos*
com algo *Predominantemente Previsível*, ou seja,
que irá *Prescrever*...

Porto Alegre, 26 de novembro de 2016

ROBERT CROWLEY, SIGLO XVI

"Y esto es una ciudad de nombre, pero de hecho es una banda de pícaros que busca el lucro. Pues funcionarios y demás sobre la riqueza del común lo que buscan es su ganancia. Nadie hace nada. E infierno sin orden bien pueden llamarlo, donde cada cual solo mira por sí y no hay hombre alguno que mire por todos".

Lima, 26 de noviembre de 2016

Façamos algo em *reproche* a esta cidade infernal! Façamos história, que ardam os ardilosos. Façamos esperança e glória. Para que no futuro, quando olharmos para trás, possamos cobrir e cobiçar, pois pisamos caminhos sem cintilar os punhais, tampouco sem ajoelhar.

Porto Alegre, 26 de novembro de 2016

SAVATER Y VON MARTIN (I)

¿Fueron los venecianos renacentistas que enviaban asesinos para liquidar competidores holandeses? ¿Fue el Libro Mayor de Jacobo Loredano que escribía: "al Dogo Foscari, por la muerte de mi hijo y de mi tío", y luego de abatir al propio Dogo, anotaba en una contrapartida: "¿Pagado?"...

Lima, 26 de noviembre de 2016

Não busco justiça vazia, tampouco calar-me contente. Porém, há gente muito violenta. De que serve a contrapartida? De que serve pagar com sangue?... O sangue de outra vida sem vida.

Porto Alegre, 26 de novembro de 2016

SAVATER Y VON MARTIN (II)

...¿Cuándo comenzó ese terrorismo de nueva *virtù* y técnica, despiadado y fulminante? ¿Esa *ratio* es sinónimo de progreso y emancipación? Maquiavelo, Savonarola, lo saludable, felicidad de súbditos, poder supremo... ¿y qué hace este niño disparando silenciosos chats contra todo lo que no sean sus elecciones libres, racionales y merecidas?

Lima, 26 de noviembre de 2016

Lembra-te, menino, o mundo não é mais que um moinho, triturando teus sonhos, tão mesquinho, como ensina o mestre Cartola. Não consumas tua vida, não desperdices o amor. Tem valor uma vida bem vivida. De amores, transtornos e conquistas está feita a minha, a tua... a nossa vida.

Porto Alegre, 26 de novembro de 2016

PENSAR... (I)

Pensar ecosóficamente: Guattari. Pensar Israel y Atenas y comunicativamente: Habermas. Pensar panóptico, dispositivo y gubernamentalidad vigilantemente: Foucault. Pensar la revolución de los santos y políticamente: Walzer. Pensar Europa y complejamente: Morin. Pensar cultura, amor, mundo líquidamente: Bauman...

Lima, 26 de noviembre de 2016

Pensar bioeticamente: Potter. Pensar coexistência: Touraine. Pensar no outro: Ricoeur. Pensar a mulher: Beauvoir. Pensar a paz: Gandhi. Pensar África: Mandela. Pensar o que nos faz pensar, distração de uns quantos, literatos ou não. Pensar nos leva adiante, andarilhos todos, seguimos a andar...

Porto Alegre, 27 de novembro de 2016

PENSAR... (II)

Pensar Latinoamérica, Nuevo Mundo, Arcadia, Melancolía, egipcios, barrocos urbanos, reales maravillosos, bicentenarios republicanos, espejos de modernidad, informalidades, determinantes sociales, ¿Por dónde empezar?... El filósofo debe empezar por liberarse a sí mismo: Augusto Salazar Bondy.

Lima, 26 de noviembre de 2016

Pensar América Latina: o mundo andino, a selva, o pampa, a praia, a *cuenca*, a *huaca*, o sertão. Sorriso, milho, riqueza, campesinos, feijão, cordilheira, pátria, mãe, sol. Chuva, deserto, samba, *cumbia*, rancheira, *tortilla*, charango, condor, cavalo, mate... Cultura, amor, mundo aguerrido, minha viola canta teus sonhos. Contigo estarei sempre, Pacha Mama.

Porto Alegre, 27 de novembro de 2016

HISTORIAS DE MELANCOLÍA (I)

Hipócrates, los humores y la tristeza prolongada. La acedia: de los monjes en el desierto egipcio al pecado capital. Las fantasías de la imaginación que dañan el alma con Bright. Necio y monstruoso ornamento para Montaigne. Frenologías, alienismos y depresiones. El *spleen* de Baudelaire. El ángel de Klee. Siempre la desesperación saturnina.

Lima, 26 de noviembre de 2016

A loucura ronda a vida, contada pelos eruditos, vivida por incautos malditos. Que seria da música, da poesia e da arte sem a loucura, a desmesura, os desamores? Que mundo asséptico, sem tempero, sem *élan*, sem coração. A loucura preenche o vazio, esvazia o cheio. Dialética mirada, cruzada, desalmada, que desespera e espera o que não chegará, não regressará.

Porto Alegre, 27 de novembro de 2016

HISTORIAS DE MELANCOLÍA (II)

...El cuadro de Durero. Ficino y el neoplatonismo artístico. Huarte y los ingenios quijotescos. El barroco y su espíritu converso. Lancina y su lamento nacional. La leyenda negra – ¿biliar? – de lo hispano. Lo indígena revalorado. Carmela la peruana y lo metal en García Lorca. Carpentier, Fuentes y Sarduy. Siempre la creatividad saturnina.

Lima, 26 de noviembre de 2016

Vejo o quadro em meu distante imaginário; escuto o sussurro dos náufragos. Vejo a mirada triste do indígena arrancado de sua tradição, traição. Criar ao sofrer, sofrer a criação, inanição. O espírito do tempo avisa: chegarei sem avisar, partirei deixando pegadas; não me contestes, prepara-te somente para sentir o novo, a força, a plenitude.

Porto Alegre, 27 de novembro de 2016

HISTORIAS DE MELANCOLÍA (III)

...Sí, Gabo, concordamos. Detrás de cada palabra, de cada idea, hay mil años de literatura.

Lima, 26 de noviembre de 2016

...Sim, Marco, concordamos. Atrás de cada microrrelato há mil histórias que contar.

Porto Alegre, 27 de novembro de 2016

EROS, PHILIA Y ÁGAPE

Invoquemos os gregos, que nos ensinaram a amar... Platão nos fala dos amores, eros, *philia y ágape*; a palavra tornou-se letra morta, e os amores são meros produtos; amores obnubilados pelo consumo efêmero, promessas de felicidade. Sejamos ativos, amemos a humanidade, e o mundo será diferente, posto que dar é dar.

Porto Alegre, 27 de novembro de 2016

(1469) Ficino, *De Amore*: "¿Por qué es útil el amor socrático? Según Sócrates mismo, en primer lugar, le permite recuperar las alas con que retornar a la Patria, después es muy útil a su ciudad para vivir de una manera honesta y feliz". (2011) Calle 13, *Latinoamérica*: "Soy lo que me enseño mi padre. El que no quiere a su patria no quiere a su madre".

Lima, 1º de diciembre de 2016

UM OUTRO MUNDO É POSSÍVEL

Falo de luta, resistência, de coragem. Já não me bastam palavras, clamo a todo o povo a sentir, clamo por dar-nos as mãos uníssonas, fortes, assim se faz revolução. Revolucionar os velhos sistemas paralisantes, promover a liberdade verdadeira, o caminho para a paz, a harmonia. Sinfonia de um viver sob a mesma lua, cada um com sua tradição.

Porto Alegre, 27 de novembro de 2016

The Prayer: "*Sognamo un mondo senza più violenza. Un mondo di giustizia e di speranza. Ognuno dia la mano al suo vicino. Simbolo di pace e di fraternità*". Boaventura de Sousa Santos: Pensar lo impensado, un trabajo de artesanía, de testigo implicado. Aproximaciones a lo que es nuevo para unos y muy viejo para otros.

Lima, 1º de diciembre de 2016

SALA DE EMBARQUE

Vejo toda essa gente ocupada em seu mundo, cada um com seu celular, seu amigo imaginário, sem perceber ao redor. Sala cheia, porém deserta. Não há palavras, não há sorrisos, não existem olhares, olhos nos olhos. Solitária me sinto, em busca de gente, junto a tanta gente... Paradoxo da modernidade?

Viracopos, 28 de novembro de 2016

Acaba de pasar el que vendrá proscrito, a sentarse en mi triple desarrollo; acaba de pasar criminalmente, inició Vallejo, y continuó: Acaba de expresarme su duda sobre hipótesis lejanas que él aleja, aún más, con la mirada. Para finalizar, Vallejo dijo... Acaba de pasar sin haber venido.

Lima, 1º de diciembre de 2016

O MESMO MAR

Vejo o mar, o contrário do céu. Tanto azul, tanta beleza, tanto verde, tanta vida. Oh, planeta bendito, tanto querer! A cada onda um movimento, um *revoltar* da gaivota bailando. Somos espectadores apáticos, nesse baile da vida. Que maravilha ser pássaro, voar seu destino, gritar seu desatino, e regressar ao mesmo mar...

Ilhéus, 28 de novembro de 2016

¿Y dónde están las totoras de mi Huanchaco? ¿Y dónde están los herederos de Naylamp? Mi sopa teóloga, Cao y la Luna, el balcón de César, la Catedral, la Libertad hecha estatua, Pizarro y Almagro. Si las raíces y opciones ya no configuran nada, retaguardias de saberes inundan mi pacífico mar, planctónico mar, deletéreo mar.

Lima, 1º de diciembre de 2016

ALIENS TERRÁQUEOS

De tudo o que nos ensina a harmonia sinfônica da natureza, pouco aplicamos em nossas vidas cotidianas. Que estranho é nos admirarmos tanto com algo do qual somos parte. Ah, aí está, já não nos sentimos parte. Estrangeiros somos em nosso planeta. *Aliens* terráqueos, isso somos.

Ilhéus, 28 de novembro de 2016

¿Fue la narrativa reflexiva del yo de la embelesada *ratio* moderna? ¿Fue acaso el París de Boullée y su nuevo orden humano en el vacío? ¿Fue el consumo de las "pastillas para dormir la moralidad" en la época del Holocausto? ¿Y si fue el acúmulo de todo? Siguiente parada...

Lima, 1º de diciembre de 2016

HORIZONTE E UTOPIA

Há um horizonte frente a mim, lembranças de Galeano intencionando que busquemos a utopia que ali se encontra. Caminho, me aproximo, vivo a experiência utópica... Penso meu país, me desanimo, caminho uns passos mais. Sigo, por mais que tente, não a alcanço, porém tampouco a abandono. Sigo, caminhando rumo ao horizonte... Nos encontramos lá?

Ilhéus, 28 de novembro de 2016

Hoja de ruta, luz ámbar... ¿Platón, Moro, Bacon? ¿Ciudad del Sol, Cristianópolis, Nueva Atlántida? ¿Poder, sabiduría, amor? ¿Astrólogo, cosmógrafo, aritmético? Oscar habla en boca de Lewis: Un mapamundi que no incluya Utopía ni siquiera merece un vistazo.

Lima, 1º de diciembre de 2016

ESSA NOSSA HISTÓRIA

Descanso meus olhos sobre as letras de um poema. Repouso minha esperança no agora, na história que fazemos. Tudo é claro ao redor e o pintamos. Basta um olhar, uma mão, tua mão, minha mão... É esse porvir cheio de cores, é essa nossa bandeira flamejando a cada sopro de vento, clamando por dignidade.

Ilhéus, 29 de novembro de 2016

Patriarca ígneo del Palacio Tschudi, me enseñaste el ritmo gutural, la aorta de mi mundial ciudadanía. Ha poco descubrí a Ana Magdalena y el barroco caribeño. Tropical comunidad de origen, ciudad de barro inmemorial. Medicinal, barrosa, cartográfica.
De spondylus y andenerías. Aquí y ahora... esa nuestra historia será.

Lima, 02 de diciembre de 2016

ARTESÃ VIDA

A vida é como um prato delicado, feito com devoção.
Escolher os ingredientes, mesclá-los corretamente.
O tempo certo para cozinhá-los, a combinação
de sabores, o tempero, a harmonia de cada ato,
resultando em uma experiência única, singular,
que não se pode repetir jamais, apenas desfrutar,
saborear e amar...

Ilhéus, 29 de novembro de 2016

Hipócrates: de humores y temperaturas. Maquiavelo: de virtudes y audacias. Cervantes: de ingenios y melancolías. Montesquieu: de climas y espíritus. Marx: de clases y luchas. Zizek: de negatividades y causas perdidas. Dos mil años de cocina y de sabores vitales. ¿Y la receta posmoderna?... Aún está en forja, salando productivamente y saboreando sus especias.

Lima, 02 de diciembre de 2016

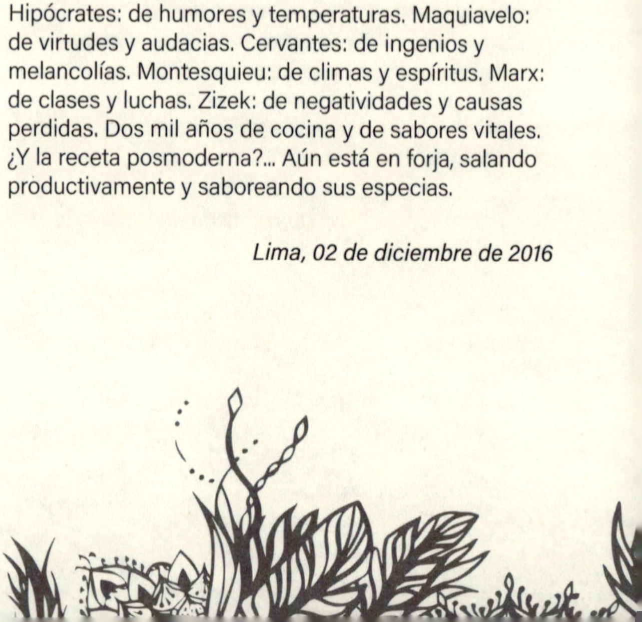

PERCEPÇÕES TEMPORAIS

O tempo não é mais que percepção dependente
da luz. Desejo de sobrepassar espaço e tempo,
e de em distintos lugares estar. Viver a história, tecer
relatos, delinear sonhos, pintar a música, soletrar
poemas, desconstruir razões, que tão somente
culminem em um abraço imortal.

Ilhéus, 30 de novembro de 2016

Ciudades italianas, siglo XIV, campanas de relojes,
cuentan cada hora del día. Tiempo que no debe
perderse. Administración y economía renacentista.
Inquietud, cambio, aceleración, movimiento.
¿Y la *Certosa di Pavia*? ¿Su labor comunitaria, su
generación continua, sus siglos de amasijo? He ahí,
el parteaguas. Tiempo que fue, tiempo que somos.

Lima, 02 de diciembre de 2016

O MUNDO DO QUAL FALAMOS

O mar transcende o azul, que transcende as partículas elementares que resultam em vida... serena. Sol, lua, mitologia ilustrada de um mundo apenas físico. Mundo da razão, mundo quântico, espectro sublime além do que alguém possa imaginar...

Ilhéus, 29 de novembro de 2016

Desgarrado, líquido, verde, ecosófico, citadino, rural, histórico, utópico, artesanal, desarrollado, ilustrado, moderno, cartográfico, puntillista, ultramarino, arqueológico, astral, ufológico, espiritual, poluto, soprasano, melancólico, creativo, productivo, implicado, extornado... Ese mundo... Nuestro mundo.

Lima, 02 de diciembre de 2016

MUNDO GITANO

Surífero, gitano, converso, ese mundo, nuevo mundo, el de los que vinieron, el de los que se reinventaron, el de los que no nacieron no murieron, el de los que pasaron sin venir, el de los que están regresando por sus pasos, acomodando un poco sus viejos trastos, y soñando despiertos, liberan caminos, decoros y vidas... Sus propias vidas...

Lima, 13 de diciembre de 2016

Mundo traduzido ao contrário, palavras mudas não contadas, histórias reinventadas. Pés cansados desejando partir, promessas de vida, alma dividida. Novas terras, velhos mares, aspirando em conjunto o momento por vir. Ensina-me o caminho, posto que, só, não o quero descobrir. Passo a passo, mão a mão, o sonho desperta, o caminho liberta...

Porto Alegre, 14 de dezembro de 2016

MARES DEL SUR

Afán ilustrado de encontrar la *Terra Australis*, de utopía y estado de naturaleza, inundó Tahití. Ya sea, el Austro con sus alas de Camoens o la forma celestial de Venus de Bougainville, ese mar surífero y extremoso reavivó el *locus amoenus*. Crecía el pan aquí, en los árboles, cual "país de Jauja", distante de ese norte imperial barbárico. Gabinetes de maravillas dieron paso al rincón de Wörlitz. Representación, ilusión, rousseaunianismo, "vida natural", razón y ser de los mares del sur.

Lima, 27 de diciembre de 2016

Luzem *naus* no oceano distante e, perpassando Cythère de Watteau, encontram o verde que reverbera vida em teu seio, iluminando olhos vorazes de capitães desalmados. Da pele jambo e olhos amendoados, surge a beleza que desatina. Encontro austral entre *La Boudeuse* e *L'Étoile*. Doces sabores brotam desta terra, sob o sol que doura os sonhos vindouros, sem saber que por ti sofrerão gerações dos filhos legítimos da *Terra Brasilis*.

Porto Alegre, 4 de janeiro de 2017

VERDE IMPERIAL

¿Un amazónico contorno, una conciencia planetaria, mentalidades climáticas quizás? Tal parece que lo verde se forjó en el Margrave de Bayreuth, en el *Germania generalis*, en la escalinata de Tiépolo en Würzburg. Palmeras productivas, aristocráticos al tiempo que embriagantes limoneros y naranjos, elefantes diplomáticos, el moro como centro de mesa. Todo suma en la Bóveda Verde de Dresde. Antes que climático o políticamente correcto, el verde fue... Imperial.

Lima, 27 de diciembre de 2016

Suntuosos contornos do barroco imperial inundam a arquitetura natural sulina, ardendo e flamando por honra e labor. Intrigantes rostos germânicos clamam respostas tropicais para os interrogantes gélidos, de suor e sofrer. Olvidam palácios, jardins e esplendor clássico, em busca do novo, desconhecido e promissor. E o verde tornou-se desafio, inquietude, conquista... Colonial.

Porto Alegre, 5 de janeiro de 2017

VILLA-LOBOS I (Tocam)

Tocam a alma as notas harmônicas pulsantes, que adentram a pele como o sol tropical. A música que abraça, acalenta e conforta, inunda um corpo que flameja e reverbera: *Dança, Modinha, Tocata, O Canto da Nossa Terra*... Escuta o *Trenzinho Caipira* chegando... trazendo os Concertos de Brandemburgo até nossa humilde morada... Oh, mestre que lança em suas *Bachianas Brasileiras* o sublime esplendor da *Terra Dourada*... e compõe com o espírito de um guerreiro que não dorme jamais, apenas descansa!

Porto Alegre, 12 de janeiro de 2017

¿Y qué fue del miedo a tocar? ¿Y qué, del hacer música para no escuchar? Los sonidos refulgen desde Puerto España hasta Ushuaia. Ana Magdalena, el Danzón y ese Caribe Barroco. Alimento productivo de continente legado, sueño de amalgama, pliegues de ciudad melancólica. Conectamos pasos, evocamos cadencias, silbidos de nostalgia. La, re, mi, fa, re, mi, fa... Cartola y sus flores tocando suavemente... La, re, mi, fa, re, mi, fa...

Lima, 15 de febrero de 2017

VILLA-LOBOS II (Pintam)

Pictórica música ilustrando imagens que se sonham... Há cores em teus acordes, em tua voz, em teu olhar... Adentro a música como se fosse um quadro vivo, e sigo o caminho trilhado pelas notas que bailam... Já não existe espaço nem tempo; o único que existe é sentimento retumbando em meu peito como cores de uma música pintada, essa música desenhada em tua mirada, de notas afinadas em uma mesma dança.

Porto Alegre, 17 de fevereiro de 2017

Quispe Tito en ese Cusco barroco. Fierro y la Lima peruanísima. Sabogal redefiniendo lo nacional. Szyszlo buscando las raíces de lo criollo. Humareda y Polanco husmeando en la periferia. Y en medio Allaín, Chávez, Llona, y muchos más. Geniales cromatismos que abarcan el Theobroma, la calle festiva y geográficos atisbos, algunos andinos, otros, de revista inmemorial.

Lima, 19 de febrero de 2017

PURA VIDA

Poner algo nuevo sobre la mesa, reflexiva convicción
bajo el celaje alajuelense, enlazando el futuro pasado.
Guanacaste, Mayo Chinchipe, Amantaní.
Gallo pinto chibchense, cacao del picantero, influjo
andino caribeño, como el razonar de José María
Arguedas en 1965 diciendo: "En *Warma Kuyay*
todo es vida... Pura Vida".

Lima, 19 de febrero de 2017

Reinventar a vida, reinventar o *Bios*, reinventar
nosso pensamento e prática. Oh, Alajuela, tanta
inspiração nos trouxe que hoje revisitamos a história,
a cultura, a sociedade e a nossa Bioética, a que
criamos em um aqui e agora, alicerçada em uma
América Latina forjada com sangue, suor, lágrimas,
mas também com sorrisos, ideais, conquistas e glórias!

Porto Alegre, 21 de fevereiro de 2017

Biografia dos autores

Marcia Mocellin Raymundo (Brasil, 1967)

Bióloga do Serviço de Bioética do Hospital de Clínicas de Porto Alegre (Brasil). Possui pós-doutorado em Bioética pela Universidad Nacional Autónoma de México. Membro da Rede Latinoamericana e do Caribe de Bioética – Unesco. Atualmente, estuda temas de bioética, laicidade, diversidade e gênero, e bioética e interculturalidade em saúde.

Marco Barboza Tello (Peru, 1975)

Advogado, mestre em Gênero, Sexualidade e Políticas Públicas pela Universidad Nacional Mayor de San Marcos (Lima, Peru). Foi secretário do Conselho de Ministros do Governo do Peru. Membro da Rede Latinoamericana e do Caribe de Bioética – Unesco. Aportou contribuições para a História do Feminismo e a Assistência Psiquiátrica no Peru. Atualmente, vem desenvolvendo uma agenda de pesquisa e publicações em torno da Peruanidade e do Bicentenário da República do Peru (2021).

Marina Baggio (Brasil, 1995)

Marina Baggio é uma multiartista autodidata, cujo trabalho imaginativo evoca itinerários, movimentos sensíveis que se expandem em sua investigação atenta às formas da natureza. Uma infância em Salvador, Bahia, próxima ao mar e aos ouriços. Marina tem produzido desenhos à mão livre, que se desdobram em painéis de parede, ilustrações, pinturas corporais, estampas, tatuagens e customizações de objetos. Por extensão coerente ao seu estilo de vida, a artista desenvolve outros trabalhos de audiovisual, de fotografia e de design – com fluidez atrelada ao seu corpo em movimento.

Libretos
Rua Peri Machado, 222 bloco B/707, CEP 90130-130
Porto Alegre-RS – Brasil
libretos@libretos.com.br
www.libretos.com.br
Facebook e Instagram @libretoseditora

Marcia Mocellin Raymundo, textos

Marco Barboza Tello, textos

Marina Baggio, ilustrações

Design gráfico e coordenação editorial

Clô Barcellos

Revisão de português

Sofia Navarro Schinke

Grafia segue Acordo Ortográfico da Língua Portuguesa de 1990, adotado no Brasil desde 2009

Revisão de espanhol

Adriana Kerchner da Silva

Dados Internacionais de Catalogação na Publicação:

Bibliotecária Daiane Schramm – CRB-10/1881

M688t Mocellin, Marcia

Triângulo Atlântico: Diálogos Latinoamericanos. / Marcia Mocellin, Marco Barboza e Marina Baggio. – Porto Alegre: Libretos, 2022.

80 p.: 12 cm x 17 cm

ISBN 978-65-86264-54-8

1. Literatura. 2. Reflexão. 3. Poesia. 4. Cultura Latinoamericana. 5. Arte; I. Baggio, Marina; II. Título.

CDD 860

Triângulo Atlântico
Diálogos Latinoamericanos

Libretos

Livro composto em Acumin, com 80 págs.
de 12 cm x 17 cm, impresso em papel Pólen
90 g/m², com sobrecapa pôster em Kraft
90 g/m² e capa em cartão Kraft 300 g/m²,
pela gráfica Pallotti, de Santa Maria-RS,
em setembro de 2022.